MW01687833

Saveurs des régions de France

Bourgogne

30 recettes et les astuces des Cercles Culinaires

Saveurs des régions de France vous invite à un voyage au cœur de nos terroirs gourmands. La variété des sols, des paysages, des conditions climatiques, des savoir-faire traduit l'originalité de la France dans sa diversité d'élevages et de cultures. Cette richesse alimentaire nourrit notre patrimoine culinaire. Dans cet ouvrage, celui-ci s'adapte facilement aux pratiques culinaires actuelles.

Le parti pris est de vous faire (re)découvrir une sélection de produits et de spécialités régionales dans une cuisine revisitée, contemporaine et savoureuse.
Avec les Cercles Culinaires du Cidil, nous vous avons concocté 5 entrées, 15 plats et 10 desserts accessibles à toutes les bourses et à tous les cuisiniers !

Pour en savoir plus, les 30 recettes sont accompagnées de conseils bien-être et d'astuces culinaires. A vous de combiner vos menus au fil des saisons et selon vos envies. Mais surtout, prenez plaisir à faire vous-même et à déguster ensemble !
Là est l'essentiel.

Freddy THIBURCE
Directeur du Cercle Culinaire de Rennes

Saveurs des régions de France

Bourgogne

30 recettes et les astuces des Cercles Culinaires

Photographies - stylisme culinaire
Claude Herlédan et Cercle Culinaire de Rennes

Editions OUEST-FRANCE

Entrées

bien-être

Les cuisses de grenouille contiennent des protéines au même titre que du poisson ou de la viande. Pour cette raison, il convient de réduire la part de protéines dans le plat principal à suivre.

le saviez-vous ?

Clarifier le beurre consiste à l'écumer de son petit lait, une fois chauffé au bain-marie. Il peut alors cuire sans brûler !

Cuisses de grenouille au beurre persillé

20 min | 25 min | moyen | 4 personnes

48 cuisses de grenouille de taille moyenne, 50 g de Maïzena ou de farine, 100 g de beurre, sel, poivre

beurre persillé : 150 g de beurre, 2 cuil. à soupe de persil haché, 1 cuil. à soupe de cerfeuil, 1 gousse d'ail, 1/2 échalote, 1 citron

- Préparer un hachis très fin avec l'ail, l'échalote, le persil, le cerfeuil **(1)**. Presser le citron.
- Clarifier 100 g de beurre au bain-marie.
- Saler et poivrer les cuisses de grenouille puis les fariner **(2)**. Les cuire dans le beurre clarifié bien chaud. Les faire cuire des deux côtés jusqu'à ce qu'elles acquièrent une belle couleur blonde **(3)**. Retirer les cuisses et les garder au chaud.
- Dans une sauteuse, mettre le hachis d'herbes et 150 g de beurre. Remuer doucement jusqu'à obtenir un beurre mousseux. Ajouter le jus de citron.
- Napper les cuisses de grenouilles de beurre persillé.

côté cave
Sancerre

1

2

3

bien-être

Deux œufs fournissent autant de protéines que 100 g de viande. Avec les œufs de cette recette, vous avez l'équivalent d'un plat principal !

astuce culinaire

Pour ne pas rater les œufs pochés, on doit procéder par petites quantités, soit trois œufs maximum dans la casserole. Cassez l'œuf dans une tasse au préalable et retournez-la d'un coup sec au ras de l'eau en ébullition puis rabattez les voiles du blanc d'œuf sur le jaune à plusieurs reprises à l'aide d'une écumoire.

côté cave
Bourgogne : Hautes-Côtes-de-Nuit

Œufs en meurette

20 min | 40 min | moyen | 4 personnes

sauce : 50 g de beurre, 1 oignon, 50 g de lardons, 1 gousse d'ail, 2 échalotes, 3 carottes, 20 g de farine, 50 cl de vin rouge Passetoutgrain, 25 cl de bouillon de volaille, 1 bouquet garni, sel, poivre
garniture : 8 œufs entiers, 4 tranches de pain, 1 gousse d'ail, 200 g de champignons de Paris, 100 g de lardons, 50 g de beurre
pochage : 1 l d'eau, 10 g de sel, 10 cl de vinaigre d'alcool ou de vinaigre blanc

- Dans une cocotte, faire revenir, dans le beurre, 50 g de lardons, l'oignon, les échalotes ciselées, une gousse d'ail écrasée, les carottes émincées. Saupoudrer de farine. Laisser légèrement colorer pour obtenir un roux brun.
- Ajouter le vin rouge et le bouquet garni. Faire réduire de moitié. Ajouter le bouillon de volaille. Assaisonner. Laisser réduire jusqu'à ce que la sauce nappe la cuillère. Filtrer la sauce à travers une passoire.
- Emincer les champignons, les poêler au beurre et les ajouter à la sauce.
- Faire revenir 100 g de lardons. Les ajouter à la sauce.
- Préchauffer le four en position gril. Frotter à l'ail les tranches de pain. Les faire griller et les détailler en petits croûtons.
- Dans une marmite, verser l'eau, le vinaigre et le sel. Porter à ébullition. Casser les œufs au-dessus de cette préparation. Les pocher 3 min. Retirer les à l'aide d'une écumoire.
- Les mettre dans la sauce au vin et présenter avec de petits croûtons.

Rillettes de langres au saumon fumé

20 min | Pas de cuisson | cher | 4 personnes

200 g de langres, 4 tranches de saumon fumé, 10 cl de crème fraîche, 1 cuil. à soupe de ciboulette, sel, poivre

- Choisir un langres bien affiné. Retirer la croûte du fromage. L'écraser à la fourchette. Assaisonner.
- Laver, hacher finement la ciboulette. Découper le saumon en petits dés. Incorporer le tout au fromage. Mélanger.
- Fouetter la crème en chantilly. L'incorporer délicatement à la préparation.
- Mettre en ramequins et laisser 2 à 3 h au frais.
- Servir avec du pain de campagne grillé.

bien-être

Comme toute préparation à base de fromage, servez, en plus du pain, une salade légèrement assaisonnée. Ces deux aliments favorisent un bon équilibre en sels minéraux : le fromage, riche en sodium (sel), a besoin du potassium présent dans la salade.

astuce culinaire

Utilisez de la crème fleurette entière pour réaliser la chantilly : elle prendra plus facilement.

le saviez-vous ?

Le langres doit son appellation au plateau de Langres et à la petite cité du même nom, ville natale de Diderot, située près de la source de la Marne.

côté cave Côtes-du-Rhône

bien-être

1 g d'alcool apporte 7 calories. Mais lorsque l'alcool est porté à ébullition, les calories s'évaporent et on n'en tient plus compte dans l'énergie fournie par la recette.

astuce culinaire

L'utilisation d'une partie du bouillon pour réaliser la sauce permet de limiter la quantité de crème et en parallèle la quantité de calories.

Ecrevisses au chablis

15 min | 25 min | cher | 4 personnes

24 écrevisses, 10 cl de crème fraîche, 2 branches de cerfeuil, 4 feuilles d'estragon, sel, poivre,
court-bouillon : 1 l d'eau, 50 cl de vin blanc de Chablis, 1 bouquet garni, 2 branches de persil plat, 30 g de gros sel

- Préparer le court-bouillon. Porter à ébullition et laisser bouillir 20 min. Plonger les écrevisses. Les laisser cuire 8 min. Les retirer et les décortiquer.
- Préparer la sauce. Récupérer 30 cl de court-bouillon. Le filtrer. Le porter à ébullition à feu vif. Réduire le feu. Ajouter la crème. Laisser réduire de moitié. Ajouter le cerfeuil et l'estragon très finement hachés. Assaisonner.
- Dresser les écrevisses sur une assiette et les napper de sauce.

côté cave
Chablis

bien-être

Cette tarte peut constituer un plat principal si vous la servez avec une belle salade verte suivie d'un dessert à base de fruit.

le saviez-vous ?

L'époisses doit sa belle couleur orangée au marc de Bourgogne utilisé pour les différents lavages de sa croûte.

Tarte à l'époisses

20 min | 30 min | pas cher | 4 personnes

pâte brisée : 250 g de farine, 125 g de beurre, 1 jaune d'œuf, 5 g de sel, 5 cl d'eau
garniture : 1 époisses affiné de 250 g, 50 cl de crème épaisse, 3 œufs, 1 pomme, 100 g de jambon blanc, sel, poivre, muscade

- Tamiser la farine et faire une fontaine. Y mettre le sel, le jaune d'œuf, le beurre en morceaux et l'eau. Incorporer le tout à la farine. Eviter de travailler la pâte trop longtemps. La réserver au réfrigérateur.
- Préparer la garniture. Dans une jatte, mélanger les œufs et la crème épaisse (1). Couper en morceaux l'époisses, la pomme, le jambon blanc (2). Les ajouter au mélange. Assaisonner de sel, de poivre et d'un peu de muscade.
- Abaisser la pâte (3). La foncer dans un moule à tarte de 26 cm de diamètre. Verser la préparation.
- Cuire 30 min au four préchauffé à 180 °C (th. 6).
- Démouler sur grille. Laisser reposer 5 min. Découper en parts. Servir aussitôt.

côté cave
Pinot blanc

1

2

3

Plats

Chevreuil aux cerises et à l'orange

20 min | 45 min | cher | 4 personnes

1 kg de filet de chevreuil, 4 tranches de lard, 3 baies de genièvre, 1 cuil. à soupe de thym, 30 g de beurre, 100 g de cerises noires dénoyautées, 1 cuil. à soupe de fécule, 5 cl de kirsch, 1 orange

■ Piquer la viande avec les baies de genièvre. La saupoudrer de thym. Laisser reposer 10 min.

■ Retirer les baies de genièvre et le thym. Assaisonner la viande et la dorer dans le beurre.

■ Préchauffer le four à 220 °C (th. 7). Déposer la viande dans un grand plat allant au four. La recouvrir avec les tranches de lard. Cuire 35 à 45 min.

■ Après 10 min, arroser la viande avec le bouillon. Renouveler cette opération toutes les 8 min.

■ Après 30 min, retirer le lard et vérifier la cuisson. La chair doit être souple, mais un peu rosée.

■ Egoutter les cerises. Les réserver. Délayer la fécule dans leur jus. Porter à ébullition. Réduire jusqu'à obtenir une sauce bien lisse.

■ Ajouter les cerises et le kirsch dans la sauce. Incorporer le tout au jus de cuisson de la viande.

■ Lorsque la viande est cuite, la laisser reposer 15 min dans le four feu éteint et porte entrouverte.

■ Couper la viande en tranches. Dresser dans un plat de service chaud. Garnir avec des tranches d'orange. Servir à part la sauce aux cerises.

bien-être

Le chevreuil, comme la plupart des gibiers, est une viande maigre. Comparé au bœuf, le chevreuil fournit encore plus de protéines, de bonne qualité également, elle apporte plus de fer et trois fois moins de graisses !

astuce culinaire

La plupart du temps, le gibier a besoin d'être préparé avec une sauce relevée et parfumée, compte tenu de son goût prononcé. Pour cette raison, les cerises noires ou les baies rouges (cassis par exemple) sont très bien adaptées.

côté cave
Graves

Truites et purée de cresson parfumées au beurre d'amandes

10 min | 4 min | pas cher | 4 personnes

4 x 250 g de filets de truite, 50 g de beurre demi-sel, 1/2 botte de cresson, 40 g d'amandes effilées, 1 pomme de terre, 5 cl de crème liquide, 30 cl de bouillon de poule, 2 rondelles de citron jaune, sel, poivre

■ Laver le cresson et la pomme de terre. Cuire dans un bouillon de poule le cresson et la pomme de terre coupée en morceaux. Mixer en purée. Incorporer une noix de beurre et une cuillerée à soupe de crème.

■ Dans un cuit-vapeur, disposer les filets de truite. Poivrer. Cuire 4 à 5 min.

Faire fondre le beurre. Ajouter les amandes effilées et quelques gouttes de citron.

■ Dresser les truites sur assiette chaude. Disposer la purée de cresson. Entourer d'un cordon de beurre aux amandes.

bien-être

Nettement plus intéressant qu'une simple salade verte, le cresson est un légume peu calorique (17 kcal/100 g) et très reminéralisant : riche en fer, en vitamine B9, il s'agit aussi du légume le plus riche en calcium !

le saviez-vous ?

Le beurre « demi-sel » contient autant de lipides (graisses) qu'un beurre doux, soit 82 %. On lui ajoute 5 g de sel aux 100 g, soit moitié moins qu'un beurre « salé » qui en contient 10 g/100 g.

côté cave

Côtes-du-Lubéron

Jambon à l'os persillé

45 min | 1h40 | moyen | pour 1 terrine de 1,5 l

1,5 kg de palette de porc demi-sel, 1 pied de veau, 2 carottes, 1 poireau, 2 gros oignons, 2 clous de girofle, 3 bouquets de persil plat, 1 tête d'ail, 75 cl de vin blanc de chablis, 10 grains de poivre noir, 1 feuille de laurier, 1 branche de thym, sel, poivre

■ La veille, éplucher, laver et couper les carottes en rondelles. Laver et couper le poireau en tronçons. Eplucher les oignons et les piquer de clous de girofle. Laver le persil, l'égoutter, l'effeuiller et réserver séparément les feuilles et les queues. Conserver les gousses d'ail en chemise, les couper en deux. Déposer tous ces ingrédients (sauf les feuilles de persil) dans une cocotte avec 1,5 l d'eau et le vin blanc.

■ Ajouter la palette de porc et le pied de veau. Porter le tout à ébullition. Cuire 1 h 30 à feu doux sans couvrir.

■ Hacher les feuilles de persil.

■ Au terme de la cuisson, retirer la palette de porc. Laisser légèrement refroidir. Détacher et émietter la chair. Mélanger avec le persil haché. Répartir la préparation dans la terrine. Réserver le pied de veau pour une autre utilisation.

■ Poursuivre la cuisson du court-bouillon jusqu'à ce qu'il réduise de moitié. A ce stade, en prélever une cuillerée à soupe, la verser dans une assiette froide. Laisser reposer 5 min au frais. Si la cuillerée du court-bouillon prend facilement en gelée et devient très ferme, il est prêt. Sinon, remettre sur le feu et laisser encore réduire. Tester de nouveau. Une fois prêt, laisser le bouillon refroidir. Le réserver au réfrigérateur jusqu'à ce qu'il ait la consistance d'une gelée ferme.

■ Remettre la gelée sur le feu pour la faire fondre. La verser dans la terrine. Elle doit recouvrir la chair de porc et le persil. Réserver au réfrigérateur jusqu'au lendemain.

■ Le jour même, démouler la terrine. La trancher. Accompagner de diverses salades.

bien-être

Avec cette recette riche en protéines, servez des crudités ou salades, source de fibres et de sels minéraux, et du pain, riche en glucides (sucres) lents.

le saviez-vous ?

Le persil est un condensé de vitamine C à condition d'être consommé cru, comme ici. C'est d'ailleurs l'occasion d'en consommer une plus grande quantité et de mieux en profiter.

côté cave
Chablis

Gratin d'escargots de Bourgogne au pain d'épice

30 min | 5 min | moyen | 4 personnes

4 douzaines d'escargots, 75 g de beurre demi-sel, 25 cl de crème liquide (30 % de matière grasse), 4 échalotes, 4 gousses d'ail, 4 tranches de pain d'épice

- Disposer les tranches de pain d'épice dans un plat allant au four. Enfourner jusqu'à complet dessèchement des tranches. Les passer ensuite au mixeur afin d'obtenir une chapelure très fine.
- Dans une poêle, faire fondre le beurre. Ajouter l'échalote et l'ail hachés, puis les escargots et la crème. Laisser mijoter pendant 5 min.
- Mettre la préparation dans un plat. Saupoudrer de poudre de pain. Passer sous le gril du four pour gratiner.

bien-être

Le pain d'épice étant déjà bien pourvu en glucides lents (sucres), il convient de limiter la consommation de pain ou de féculents au cours du repas.

astuce culinaire

Le pain d'épice contient du miel qui donne une saveur sucrée à ce gratin d'escargots, mais il transmet aussi son parfum issu des nombreuses épices qui s'y trouvent.

le saviez-vous ?

La crème fraîche traditionnelle contient 31 % de lipides (graisses), soit presque trois fois moins que le beurre, qui affiche plus de 80 % de lipides. Sans aller vers une crème allégée à 15 % de matière grasse, la différence est déjà notable.

côté cave
Menetou-Salon

Poêlée de foies de volaille et petits croûtons au soumatrain

25 min | 5 min | moyen | 4 personnes

200 g de foies de volaille, 2 échalotes, 1/2 soumatrain, 8 cerneaux de noix, 60 g de mesclun, 1/2 cuil. à soupe de ciboulette, 30 g + 1 noix de beurre, 1 cuil. à soupe d'huile d'arachide, 12 rondelles de baguette
vinaigrette : 1 cuil. à soupe de vinaigre de vin, 4 cuil. à soupe d'huile de noix, sel, poivre

- Parer les foies de volaille. Les tailler en lanières.
- Détailler le soumatrain et le placer sur les croûtons préalablement grillés d'un seul côté.
- Réaliser la vinaigrette. Mélanger le vinaigre, le sel et le poivre puis incorporer l'huile.
- Assaisonner les foies. Faire fondre le beurre. Y saisir les foies. Ils doivent rester blonds et moelleux. En fin de cuisson, parsemer avec les échalotes hachées et la ciboulette ciselée. Ajouter les noix.
- Assaisonner la salade de vinaigrette. Passer les croûtons 2 min au four à 200 °C (th. 7) pour les réchauffer.
- Dresser harmonieusement la salade, les foies de volaille et les croûtons au soumatrain.

astuce culinaire

Vous pouvez remplacer l'huile d'arachide par de l'huile de noix, plus parfumée et excellente pour la santé cardio-vasculaire.

le saviez-vous ?

Le soumatrain est un fromage crémeux qui se rapproche des fromages frais. Très agréable et rafraîchissant, il affiche 45 % de matière grasse.

côté cave
Bordeaux rosé

bien-être

Pour un menu équilibré, vous pouvez servir des crudités en entrée, riches en vitamines et fibres. Terminez par un laitage puis un gâteau aux fruits qui fournira des glucides lents.

astuce culinaire

Vous pouvez faire cuire les carottes coupées en rondelles directement dans la cocotte avec le lapin. Ajoutez-les environ 20-25 min avant la fin de la cuisson.

Lapin à la moutarde au cassis

20 min + 12 h pour la marinade | 1 h 20 | moyen | 6 personnes

1 lapin de 1,5 à 2 kg, 200 g de moutarde au cassis, 3 gousses d'ail, 3 échalotes, thym, laurier, romarin, 1 bourgogne aligoté, 50 g de beurre clarifié, sel, poivre

- Faire couper le lapin en morceaux par le boucher ou le volailler.
- Badigeonner les morceaux de lapin de moutarde au cassis. Recouvrir de bourgogne aligoté. Poivrer légèrement. Laisser mariner 12 h.
- Egoutter la viande. Dans une sauteuse, faire fondre le beurre clarifié. Y faire revenir les morceaux de viande. Saler. Ajouter le jus de la marinade, l'ail, les échalotes, les herbes. Laisser mijoter 1 h.
- Servir avec des carottes glacées.

côté cave
Passetoutgrain

bien-être

Même si le plat contient des raisins secs, il faut prévoir un fruit cru en fin de repas pour fournir de la vitamine C.

le saviez-vous ?

Les raisins secs sont déshydratés et, lors de cette transformation, ils perdent leur vitamine C hydrosoluble (associée à l'eau du fruit).

Cassolette d'escargots au mendiant et au chablis

25 min | 30 min | cher | 4 personnes

400 g de pâte brisée, 48 escargots, 20 g de beurre, 20 g d'amandes, 20 g de noisettes, 20 g de raisins secs, 30 g d'échalotes, 100 g de tomates, 100 g de champignons de Paris, 1 cuil. à soupe de beurre d'escargots, 2,5 cl de cognac, 12 cl de vin blanc sec de Chablis, 120 g de crème double, sel fin, poivre blanc

■ Rincer et égoutter les escargots.

■ Réaliser les cassolettes en pâte brisée (tartelettes).

■ Préparer la garniture. Mettre les raisins secs à mariner dans le chablis. Concasser les amandes et les noisettes. Ciseler les échalotes. Monder et épépiner les tomates. Les découper en petits dés. Laver les champignons. Les détailler en petits dés réguliers.

■ Cuire les cassolettes 15 min au four à 200 °C (th. 7).

■ Faire sauter les escargots dans le beurre. Ajouter les échalotes, les dés de tomates et de champignons et laisser étuver l'ensemble. Flamber au cognac. Ajouter le chablis, les fruits secs et laisser réduire. Ajouter la crème. Réduire jusqu'à ce que la sauce nappe le dos d'une cuillère à soupe. En fin de réduction, lier avec le beurre d'escargots.

■ Dresser les escargots et la sauce dans des cassolettes. Servir très chaud.

côté cave
Médoc

Fricassée bourguignonne

30 min | 35 min | pas cher | 4 personnes

4 échalotes, 12 oignons nouveaux ou grelots, 1 poulet de 1,4 kg, 2 cuil. à soupe de farine, 50 g + 20 g de beurre demi-sel, 2 cuil. à soupe d'huile d'arachide, 30 cl de vin de Bourgogne rouge (passetoutgrain), 10 cl de fond de volaille (eau + fond), 15 cl de crème liquide (30 % de matière grasse), sel, poivre
glaçage : eau à mi-hauteur, 20 g de beurre demi-sel, 1 pincée de sucre, 1 pincée de sel

■ Eplucher les échalotes et les oignons. Couper le poulet en quatre ou six parts ou le faire faire par votre boucher. Ciseler les échalotes. Glacer les oignons grelots dans du beurre avec le sucre et le sel et l'eau à mi-hauteur.

■ Assaisonner les morceaux de poulet, les fariner. Faire chauffer 50 g de beurre et l'huile. Y déposer côté peau les morceaux de volaille. Les saisir sur toutes les faces.

■ Retirer ensuite l'excédent de graisse. Ajouter les 20 g de beurre restants. Y faire suer les échalotes. Déglacer au vin rouge, laisser réduire de moitié. Verser ensuite le fond. Cuire 25 à 30 min.

■ Ajouter la crème et faire réduire en donnant une ébullition pour obtenir une sauce onctueuse. Vérifier l'assaisonnement. Ajouter les petits oignons. Servir bien chaud.

bien-être

Il est nécessaire d'éliminer l'excédent de graisse avant de mettre le beurre, car la peau de la volaille rend du gras, qui a tendance à brûler.

le saviez-vous ?

Le terme glaçage s'emploie aussi pour les recettes salées : il consiste à ajouter une petite quantité de sucre, pour cuire des légumes par exemple (oignons grelots, carottes...).

côté cave
Côtes-de-Nuit

Filets de sandre au pouilly

30 min | 15 min | cher | 4 personnes

1 sandre de 1,5 kg, 4 échalotes, 2 tomates, 1 botte de ciboulette, 3 cuil. à soupe de crème fraîche, 18 pommes de terre BF 15, 60 g de beurre, 30 cl de pouilly

■ Faire lever les filets de sandre par votre poissonnier.

Laver et éplucher les pommes de terre en leur donnant une forme ogivale. Les cuire à l'eau salée. Monder et épépiner les tomates. Les concasser. Eplucher les échalotes et les ciseler finement.

■ Dans une sauteuse, faire fondre le beurre. Ajouter l'échalote. La faire suer. Déposer les filets de sandre. Assaisonner. Déglacer avec le vin blanc. Ajouter les tomates et la ciboulette.

■ Cuire environ 10 min au four à 180 °C (th. 6). Retirer les filets. Les réserver. Ajouter la crème dans la sauteuse. Laisser réduire légèrement. Filtrer dans une passoire fine. Rectifier l'assaisonnement. Ajouter une cuillerée à soupe de ciboulette ciselée.

■ Dresser les filets de poisson sur chaque assiette. Napper les sandres de sauce et accompagner des pommes de terre.

bien-être

Pour l'équilibre du menu, pensez à ajouter des légumes en entrée, sous forme de crudités, et terminez par un entremets riche en calcium et léger (œufs à la neige, crème vanillée…).

astuce culinaire

Si vous manquez de temps, vous pouvez acheter de la pulpe de tomates en conserve : elles sont déjà pelées et épépinées !

côté cave

Beaujolais

Crapiauds aux lards

20 min + 1 h de repos | 5 min | pas cher | 4 personnes

3 œufs, 150 g de farine de blé, 50 g de farine de sarrasin, 50 cl de lait entier, 2 cuil. à soupe de bière blonde, 150 g de lard pré-salé, 10 g de sel, poivre

■ Mélanger les deux farines. Incorporer les œufs entiers. Ajouter le sel et le poivre.

■ Mélanger jusqu'à obtenir une pâte bien lisse. Incorporer doucement le lait sans cesser de mélanger. Ajouter la bière. Laisser reposer la pâte au moins 1 h au réfrigérateur.

■ Couper le lard en petits morceaux. En déposer quelques-uns de lard dans une poêle. Laisser frire quelques minutes. Verser la pâte directement dans le gras de cuisson. Laisser prendre. Renouveler l'opération pour chaque crapiaud.

astuce culinaire

Avec le lard comme source de matière grasse, il devient inutile d'huiler ou beurrer la poêle.

le saviez-vous ?

Le crapiaud désigne une petite galette, sucrée ou salée. Lorsqu'elle est sucrée, la pâte est à base uniquement de farine de froment.

côté cave
Madiran

bien-être

La queue de bœuf n'est pas très consommée comparée aux autres morceaux de l'animal. Dommage, car il s'agit d'une viande tendre, riche en fibres et maigre.

astuce culinaire

Il faut éviter de saler la marinade, car cela empêcherait les arômes de pénétrer dans la viande.

Queue de bœuf à la beaunoise

30 min | 2 h 15 min | moyen | 4 personnes

1 queue de bœuf, 2 oignons, 3 carottes, 2 gousses d'ail, 1 bouteille de haute-côte-de-beaune, 1 bouquet garni, 100 g de beurre, 2 cuil. à soupe d'huile d'arachide, 25 g de farine, 100 g de couenne de porc, 250 g de petits oignons blancs, 250 g de petits champignons de Paris, sucre en poudre, sel, poivre

■ La veille, couper la queue de bœuf. Peler, laver les oignons et les carottes. Les couper en morceaux. Peler, dégermer et écraser les gousses d'ail. Réunir tous ces ingrédients dans un saladier. Ajouter le bouquet garni, assaisonner et laisser mariner toute une nuit. Le lendemain, égoutter les morceaux de queue de bœuf, les oignons, les carottes. Filtrer et réserver la marinade.

■ Dans une cocotte en fonte, faire chauffer 30 g de beurre et deux cuillerées à soupe d'huile. Y faire dorer les morceaux de viande. Ajouter les légumes. Saupoudrer de farine et laisser cuire quelques minutes en mélangeant pour obtenir un roux. Mouiller avec la marinade. Porter lentement à ébullition.

■ Pendant ce temps, blanchir rapidement les couennes de porc. Les égoutter. Les couper en morceaux. Les ajouter dans la cocotte. Saler modérément, poivrer. Couvrir. Enfourner à four moyen à 180 °C (th. 6). Laisser cuire 2 h.

■ Préparer la garniture. Peler les petits oignons. Les faire revenir dans le beurre. Les saupoudrer de sucre pour les caraméliser et laisser cuire doucement. Faire sauter les champignons dans le reste du beurre.

■ Egoutter les morceaux de queue de bœuf. Les disposer dans un plat creux. Les entourer des petits oignons glacés et des champignons. Passer la sauce, en napper le plat et servir aussitôt.

côté cave
Côtes d'Auxerre

Pintade au chou

45 min | 1 h | moyen | 4 personnes

1 pintade de 1,4 kg avec son foie et son gésier, 3 cl + 2 cl de marc de Bourgogne, 1 chou, 150 g de noix de veau, 150 g de filet de porc, 1 oignon, persil, 150 g de mie de pain, 1 jaune d'œuf, des lamelles de truffes, 5 cl de lait, sel, poivre

- Arroser la pintade de marc de Bourgogne 2 h avant la cuisson. Saler et poivrer.
- Nettoyer le chou. Le faire blanchir deux fois. Bien le rincer **(1)**. Le couper en fines lamelles et le faire cuire dans une cocotte avec quelques lardons.
- Confectionner la farce avec la viande de veau et de porc, le foie et le gésier de la pintade. Ajouter oignon, persil, mie de pain trempée dans du lait, jaune d'œuf, lamelles de truffes et 3 cl de marc **(2)**. Assaisonner.
- Préchauffer le four à 200 °C (th. 7). Farcir la pintade et la coudre **(3)**. La faire dorer au four de tous côtés. L'arroser régulièrement. Cuire 30 min. Sortir du four. Déposer la pintade sur le chou. Terminer la cuisson à la cocotte.
- Servir aussitôt.

bien-être

Ce plat traditionnel présente une grande richesse en protéines, grâce aux viandes, et un bon apport en minéraux et fibres grâce au chou, tout en étant peu gras.

astuce culinaire

Le chou doit être blanchi, c'est-à-dire ébouillanté dans de l'eau salée, pour que ses substances soufrées s'évaporent : il devient alors plus digeste !

côté cave

Bourgogne, Saint-Véran

1

2

3

Charolais et gratin de courgettes à l'époisses

1 h 20 | 1 h 40 min | moyen | 4 personnes

cœur de charolais : 4 filets de charolais de 200 g chacun, 20 échalotes, 50 cl de vin blanc, 1 pincée de sucre, 800 g de champignons de Paris, 40 g de beurre, sel, poivre
sauce : 50 cl de vin rouge, 15 g de beurre
gratin : 500 g de pommes de terre bintje, 2 courgettes moyennes, 1 époisses, 30 cl de crème fraîche, 10 g de beurre, 1 pincée de noix de muscade râpée, sel, poivre

■ Eplucher les échalotes. Les plonger dans l'eau bouillante. Les cuire 45 min à petits bouillons. Les égoutter. Dans une casserole, verser 15 cl d'eau et le vin blanc. Ajouter les échalotes et le sucre. Porter à ébullition. Laisser cuire à feu moyen jusqu'à complète évaporation du liquide. Surveiller la cuisson en mélangeant délicatement. En fin de cuisson, saler légèrement et réserver.

■ Nettoyer les champignons de Paris. Les couper en quatre. Les faire revenir 10 min à feu moyen dans 20 g de beurre.

■ Verser le vin rouge dans une casserole. Faire réduire de moitié sur feu vif. Sur feu très doux, ajouter petit à petit le beurre coupé en morceaux et fouetter sans arrêt. Assaisonner. Réserver au bain-marie.

■ Laver et éplucher les pommes de terre. Les couper en fines rondelles. Laver les courgettes. Les couper en rondelles **(1)**. Les précuire à la vapeur 3 à 4 min. Bien les égoutter. Gratter la peau de l'époisses **(2)**. Le couper en tranches.

■ Préchauffer le four à 180 °C (th. 6). Beurrer un plat à gratin et assaisonner le fond du plat. Y placer une couche de pommes de terre et une couche de courgettes **(3)**. Ajouter les tranches d'époisses, la crème fraîche. Renouveler cette opération. Enfourner et cuire 40 à 45 min. Assaisonner les filets de charolais de chaque côté. Colorer sur feu vif les filets dans le beurre.

■ Dresser la viande entourée de champignons de Paris. Napper de sauce. Décorer avec les échalotes glacées. Accompagner de gratin.

bien-être

Comme le gratin contient de l'époisses, un fromage riche en calcium, il est inutile de prévoir un produit laitier après ce plat.

astuce culinaire

Les petites pièces de bœuf doivent être salées avant d'être saisies, contrairement aux morceaux de viande à braiser (type rôti) qui doivent être assaisonnés en fin de cuisson pour ne pas rendre trop de jus.

côté cave
Côte-de-Beaune

1

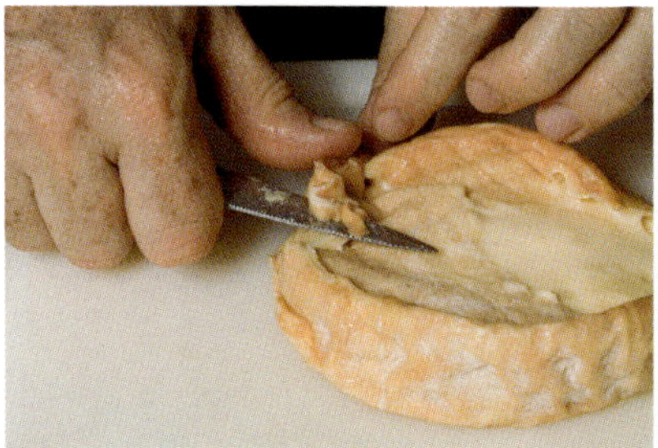

2

3

bien-être

Les rognons de veau sont riches en protéines, en fer et zinc en particulier. Ils sont peu gras à la base, mais riches en cholestérol, comme tous les abats.

astuce culinaire

Une moutarde fine et forte de Dijon s'adapte parfaitement à cette recette, qui doit être relevée. Evitez la moutarde aux condiments, trop douce.

Rognons de veau au chablis et à la moutarde

20 min | 15 min | cher | 4 personnes

4 rognons de veau, 50 g de beurre, 2,5 cl d'huile, 2 échalotes, 250 g de champignons de Paris, 20 cl de vin blanc de Chablis, 10 cl de jus de viande (ou du fond de veau déshydraté), 50 g de moutarde de Dijon, sel, poivre blanc

■ Retirer la graisse et la peau des rognons. Eplucher et ciseler les échalotes. Laver et émincer finement les champignons.

■ Dans une sauteuse, mettre l'huile et 30 g de beurre. Saisir les rognons. Les colorer. Saler et poivrer. Enfourner 10 min à 150° C (th. 5). Retirer les rognons de la sauteuse. Les réserver au chaud.

■ Dégraisser la sauteuse. Y faire fondre les 20 g de beurre restants. Ajouter les échalotes et les lamelles de champignons. Faire revenir. Arroser de vin blanc. Faire réduire de moitié.

■ Ajouter le jus de viande. Laisser cuire 3 min à feu très doux. Ajouter la moutarde. Mélanger. Assaisonner. Lier la sauce en incorporant quelques noisettes de beurre.

■ Couper les rognons. Dresser sur une assiette chaude et napper de sauce.

côté cave
Chablis

Andouillettes à la dijonnaise

15 min | 40 min | cher | 4 personnes

4 andouillettes, 2 échalotes, 50 g de beurre, 20 cl de crème liquide, 2 cuil. à soupe de persil haché, 50 cl de mâcon blanc, 600 g de pommes de terre, gros sel, sel, poivre

- Préchauffer le four position gril. Griller les andouillettes.
- Ciseler les échalotes. Les faire suer dans 30 g de beurre. Mouiller avec le vin blanc et faire réduire de moitié. Incorporer la crème. Réduire la sauce jusqu'à ce qu'elle soit onctueuse. Assaisonner.
- Cuire les pommes de terre à la vapeur 25 min.
- Dresser les andouillettes sur assiette chaude. Napper de sauce. Accompagner de pommes de terre. Parsemer de persil haché et servir aussitôt.

bien-être

Veillez à ne pas ajouter d'autres graisses dans le menu, car cette recette est déjà riche en lipides. Prévoir une entrée et un dessert très légers.

astuce culinaire

La cuisson à la vapeur des pommes de terre est idéale pour maintenir leur taux de potassium, au lieu de le perdre généreusement dans l'eau de cuisson.

côté cave
Chablis

Desserts

Gratin de fruits rouges en sabayon de crémant de Bourgogne

15 min | 5 min | moyen | 4 personnes

600 g de fruits rouges (framboises, groseilles, cerises, cassis, mûres), 20 g de sucre glace
sabayon : 3 œufs, 60 g de sucre semoule, 5 cl de crémant de Bourgogne, 1/2 cuil. à soupe de Maïzena

- Dans un saladier, mélanger les jaunes d'œufs avec le sucre. Ajouter le crémant de Bourgogne.
- Disposer le saladier au-dessus d'une casserole d'eau chaude. Cuire le sabayon à feu moyen au bain-marie en fouettant énergiquement afin que la préparation triple de volume. Ajouter une demi-cuillerée de Maïzena et fouetter à nouveau quelques minutes.
- Garnir des assiettes creuses de fruits rouges et napper avec le sabayon. Gratiner au four position gril.
- Saupoudrer de sucre glace. Servir aussitôt.

bien-être

Les fruits rouges sont moins sucrés que la moyenne des fruits : 5 % pour la groseille à 11 % pour les mûres et les myrtilles, contre 15 % dans les fruits, d'où leur légère acidité. Très riches en vitamine C, ils ont tout intérêt à être consommés crus ou peu cuits.

astuce culinaire

Avant de servir, disposez au centre du gratin une cuillerée à soupe de yaourt nature.

côté cave
Crémant

astuce culinaire

« Sécher » le fromage blanc consiste à l'égoutter. Pour cette raison, il vous faut un fromage blanc faisselle à 40 % de matière grasse pour réaliser cette recette et non un fromage blanc battu (lequel est mélangé avec l'eau et ne peut être égoutté).

le saviez-vous ?

Le feuilletage est un élément de base de la cuisine bourguignonne. Pâtisserie des campagnes, les corniottes étaient servies pendant les fêtes de l'Ascension.

Corniottes

30 min | 30 min | pas cher | 6 personnes

pâte feuilletée : 400 g de farine, 300 g de beurre, 20 cl d'eau, 8 g de sel
garniture : 1,5 kg de fromage blanc fermier, 3 œufs, 1 bonne pincée de sel

- Mettre le fromage blanc à sécher pendant un ou deux jours.
- Laisser le beurre à température ambiante.
- Confectionner la pâte feuilletée. Verser le sel dans l'eau. Incorporer celle-ci à la farine. Travailler jusqu'à obtenir une pâte homogène. Abaisser la pâte en croix. Y incorporer le beurre.
- Etaler la pâte en une bande rectangulaire de 15 à 20 cm de largeur sur 0,5 cm d'épaisseur. La plier en trois (en portefeuille) et lui faire faire un quart de tour à droite.
- Renouveler l'opération cinq fois. La sixième fois, abaisser la pâte et couper des cercles de pâte de 20 cm de diamètre.
- Mettre le fromage blanc dans une jatte. Y ajouter les œufs entiers, le sel. Mélanger. Placer cette préparation au centre des cercles de pâte. Refermer en formant des petits paquets.
- Dorer les corniottes au jaune d'œuf. Cuire 30 min au four à 180 °C (th. 6).

côté cave
Banyuls

Tarte en gelée de cassis

25 min | 30 min | pas cher | 6 personnes

250 g de pâte brisée, 1 kg de cassis frais, 300 g de sucre semoule, 2 à 3 cuil. à soupe de chapelure, 2 cuil. à soupe de crème fraîche épaisse

- Laver les baies de cassis. Les égoutter. Les verser dans une casserole et les couvrir d'un petit verre d'eau. Les faire éclater sur feu vif. Retirer du feu. Ecraser les fruits. Remettre la casserole sur le feu et porter à ébullition.
- Passer la purée de fruits dans une passoire fine. Presser avec un pilon pour en extraire tout le jus. Verser ce jus dans une casserole. Ajouter le sucre. Mélanger. Porter à ébullition et cuire 15 min sur feu vif en remuant sans cesse. Lorsque le mélange prend la consistance d'un sirop, retirer du feu. Laisser refroidir pour faciliter la prise en gelée.
- Abaisser la pâte et garnir une tourtière. Répartir la chapelure sur le fond de tarte puis étaler la gelée de cassis.
- Cuire 30 min au four à température moyenne, 180 °C (th. 6). Laisser refroidir.
- Napper de crème fraîche juste avant de servir.

bien-être

Avec ce dessert très sucré, proposez un laitage maigre riche en calcium et favorable à la digestion, tel le yaourt nature ou une coupelle de fromage blanc.

astuce culinaire

Pour gagner du temps, utilisez un pot de gelée de cassis et garnissez de 120 g de baies de cassis fraîches.

côté cave
Vouvray

bien-être

Le blanc-manger fournit du calcium et de la vitamine C grâce au coulis de fraises, mais en revanche, il n'apporte quasiment pas de fibres. Vous pouvez le compléter par des crudités en entrée.

astuce culinaire

Préparez la recette la veille, pour obtenir une meilleure texture et faciliter le démoulage.

Blanc-manger au pain d'épice

25 min | pas de cuisson | pas cher | 4 personnes

2 feuilles de gélatine, 250 g de fromage blanc (40 % de matière grasse), 2 gousses de vanille, 50 g de sucre semoule, 3 tranches de pain d'épice, 25 cl de crème liquide (30 % de matière grasse), 4 feuilles de menthe
coulis de fraises : 125 g de fraises, 20 g de sucre glace, 1 citron

■ Faire tremper la gélatine dans l'eau froide. Dans un cul-de-poule, mélanger le fromage blanc avec les graines de vanille et le sucre. Emietter le pain d'épice **(1)** le plus finement possible et le répartir dans le fromage blanc **(2)**.

■ Faire fondre à feu doux la gélatine avec deux cuillerées à soupe d'eau. Ajouter la préparation au fromage blanc. Mélanger. Fouetter la crème en chantilly. L'incorporer délicatement à la préparation **(3)**.

■ Répartir le blanc-manger dans de petits ramequins. Réserver au frais.

■ Préparer le coulis. Mixer les fruits. Ajouter le sucre, le jus de citron pressé. Filtrer.

■ Démouler les blancs-mangers sur assiette. Napper avec le coulis de fraises. Décorer avec les feuilles de menthe.

côté cave
Arbois

1

2

3

bien-être

Vous pouvez également réaliser cette recette avec des poires conférence.

astuces culinaires

Plantés en bordure des vignes, ces petits pêchers donnent des fruits à la chair tendre, au goût plus prononcé que les pêches blanches ou jaunes d'été.

Pêches de vigne au fromage blanc

30 min | 15 min | pas cher | 4 personnes

4 belles pêches ou 8 petites, 25 cl d'eau, 180 g de sucre en poudre, 100 g de gelée de cassis, 250 g de fromage blanc fermier, 4 cuil. à soupe de crème liquide, 1 cuil. à soupe de sucre vanillé, quelques grappes de cassis ou de groseilles

- Laver les grappes de fruits rouges. Les égoutter.
- Verser l'eau dans une casserole. Ajouter 80 g de sucre. Porter à ébullition et cuire 5 min.
- Peler les pêches. Les couper en deux. Les pocher à feu doux 15 min dans le sirop.
- Retirer la casserole du feu. Laisser refroidir. Egoutter délicatement les demi-pêches. Les déposer dans une jatte.
- Prélever quatre ou cinq cuillerées à soupe de sirop. Mélanger à la gelée de cassis. Laisser tiédir cette sauce.
- Dans un saladier, verser le fromage blanc et le reste de sucre. Mélanger. Fouetter vivement la crème avec le sucre vanillé avant de l'incorporer au fromage blanc. Fouetter vivement pour aérer la préparation.
- Détailler les pêches en petits dés. Les ajouter à la préparation. Répartir celle-ci dans des assiettes. Napper de sauce au cassis. Décorer avec les grappes de cassis ou de groseilles.

côté cave

Crémant

Assiette d'hiver aux agrumes et épices

15 min | pas de cuisson | pas cher | 4 personnes

50 cl de glace à la vanille, 4 tranches de pain d'épice, 30 g de beurre, 8 poires williams pochées au vin rouge, 2 oranges, 1 pincée de cannelle, 20 g de sucre roux

- Beurrer les deux faces des tranches de pain d'épice. Les passer à la poêle.
- Peler les oranges à vif en prenant soin de bien retirer le zeste et la peau blanche. Les couper en fines rondelles. Les saupoudrer de sucre roux et parsemer de cannelle.
- Dresser sur une grande assiette les tranches de pain d'épice surmontées d'une boule de glace. Entourer de poires au vin et de rondelles d'oranges.

bien-être

Les oranges, riches en vitamine C, ont une place tout indiquée en hiver pour lutter contre les petits maux. Son jus favorise l'hydratation et ses minéraux sont les bienvenus pour recharger l'organisme à la saison froide.

le saviez-vous ?

Grâce à sa peau épaisse, l'orange préserve un taux de vitamine C constant après sa cueillette et s'en trouve moins fragilisée que les fruits rouges par exemple.

côté cave
Rivesaltes

astuce culinaire

Pour renforcer la saveur des épices, utilisez un mélange 4 épices, du safran ou de la cardamome.

le saviez-vous ?

Souvent fourré de fruits confits, de confiture ou agrémenté de noix, le « pavé de santé » est la grande spécialité pâtissière de Dijon.

Pain d'épice au miel

25 min | 1 h | pas cher | Pour un moule à cake de 25 x 15 cm

300 g de farine, 10 cl de lait entier, 200 g de miel très parfumé, 80 g de sucre roux en poudre, 2 jaunes d'œufs, 1 pincée de sel, 1 cuil. à café rase de bicarbonate de soude, 2 cuil. à soupe de jus de citron, 20 g de beurre, 1 cuil. à café rase de cannelle en poudre, 1 cuil. à café de grains d'anis écrasés, 2 clous de girofle pilés en poudre fine

■ Verser le lait dans une casserole. Ajouter le miel et le sucre. Mélanger. Chauffer sur feu doux en remuant avec une cuillère en bois.

■ Mettre les jaunes d'œufs dans une jatte. Verser dessus la moitié du mélange en remuant. Prélever une cuillerée à soupe de cette préparation et la verser dans le reste de lait sucré au miel.

■ Tamiser la farine. Ajouter le sel et le bicarbonate. Verser dans une terrine et faire une fontaine au milieu. Ajouter en les alternant régulièrement les deux préparations liquides précédentes. Mélanger.

■ Incorporer à la pâte le jus de citron, la cannelle, l'anis et les clous de girofle.

■ Travailler vigoureusement au fouet pendant 10 min. Laisser reposer. Beurrer le moule. Le tapisser de papier sulfurisé. Verser la pâte, en lisser la surface. La badigeonner d'un peu de jaune d'œuf mélangé à une cuillerée à soupe de lait pour obtenir une belle croûte dorée.

■ Enfourner à mi-hauteur. Cuire au four à 180 °C (th. 6) pendant 1 h. Sortir le moule et laisser reposer sur une grille. Démouler et laisser à l'air libre jusqu'à complet refroidissement. Attendre au moins 24 h avant de déguster le pain d'épice.

côté cave
Rivesaltes

bien-être

Si vous appréciez les tartes, sachez que celle à base de pâte brisée contient moins de lipides (graisses) que la pâte feuilletée : 20 g de lipides pour 100 g de pâte brisée contre 30 g de lipides pour 100 g de pâte feuilletée.

astuce culinaire

Cette tarte se décline avec de nombreux fruits, selon la saison et l'envie...

Tarte aux poires pochées en habit de fruits rouges

30 min | 10 à 15 min | pas cher | 6 personnes

pâte brisée : 250 g de farine, 125 g de beurre, 1 jaune d'œuf, 5 cl de lait, 1 pincée de sel, 25 g de sucre
garniture : 1 poire, 1 pêche, 125 g de cassis, 125 g de fraises, 125 g de framboises, 20 g de beurre, 15 g de sucre

- Préparer la pâte. Mélanger la farine, le sel, le sucre. Verser cette préparation dans le robot. Ajouter le beurre coupé en morceaux. Mixer pour bien sabler l'ensemble. Incorporer le jaune d'œuf, le lait. Mélanger de nouveau jusqu'à obtenir une pâte homogène. Réserver 30 min au frais.
- Découper la pâte à l'emporte-pièce. Cuire 10 à 15 min au four à 180 °C (th. 6).
- Caraméliser légèrement la poire dans un mélange de beurre et de sucre.
- Disposer harmonieusement les fruits sur la pâte.

côté cave
Muscat

bien-être

Les pommes contiennent des fibres particulières nommées pectines qui régularisent le transit intestinal en formant une sorte de « gel » dans l'estomac. Cette action des pectines est d'ailleurs bien connue pour faire gélifier les confitures, ou pour l'effet « coupe-faim » reconnu de la pomme.

astuce culinaire

La flamusse est un dessert aux fruits qui tient du flan ou du clafoutis. Traditionnellement aux pommes, elle peut se préparer avec une purée de potiron.

côté cave
Cidre

Flamusse aux pommes

15 min | 45 min | pas cher | 4 personnes

60 g de farine, 75 g + 25 g de sucre en poudre, 1 pincée de sel, 3 gros œufs, 50 cl de lait, 1 cuil. à soupe de crème fraîche, 4 grosses pommes reinettes ou boskoop, 50 g de beurre

- Verser la farine dans un saladier. Y faire un puits. Ajouter 75 g de sucre et le sel.
- Battre les œufs en omelette. Les verser dans le puits. Mélanger jusqu'à ce que la pâte soit bien lisse.
- Mélanger le lait et la crème. Verser sur la pâte et travailler jusqu'à obtenir une substance homogène. Laisser reposer.
- Peler les pommes. Les épépiner. Les couper en tranches fines. Beurrer un moule à manqué. Disposer dans le fond du plat les tranches de pommes en les faisant se chevaucher. Recouvrir avec la pâte.
- Cuire 45 min au four à 150 °C (th. 4). Sortir du four et laisser reposer.
- Démouler la flamusse en la retournant sur un plat. Saupoudrer de sucre et servir.

Mendiants aux fruits secs à l'orange

30 min | 10 min | moyen | 8 personnes

Pour la nougatine : **120 g de sucre, 2 cuil. à soupe d'eau, 20 g de raisins secs, 20 g d'abricots moelleux, 20 g de noix (ou pistaches, noix de Pécan, pignons de pin, noisettes, amandes...), 1 cuil. à soupe d'huile**
120 g de chocolat noir, 3 oranges, 200 g de beurre, 37,5 cl de crème liquide, 5 œufs, 120 g de cacao amer
Beurre d'oranges : **50 g de beurre, 2 oranges à jus**

- Préparer la nougatine. Déposer le sucre et l'eau dans une casserole. Porter à ébullition. Couper grossièrement les fruits secs. Les ajouter lorsque le caramel commence à colorer.
- Huiler une plaque. Etaler la nougatine à la spatule. Laisser refroidir.
- Fondre le chocolat au bain-marie avec 150 g de beurre. Séparer les blancs des jaunes d'œufs. Incorporer les jaunes un à un au chocolat. Ajouter le cacao amer. Bien mélanger.
- Fouetter la crème liquide. Concasser la nougatine. Les ajouter dans la préparation au chocolat.
- Chemiser un plat avec du papier film ou du papier sulfurisé. Y verser le mendiant. Laisser prendre au réfrigérateur toute une nuit.
- Préparer le beurre d'oranges. Presser les oranges et récupérer leur jus. Le porter à ébullition. Ajouter 50 g de beurre coupé en morceaux. Fouetter pour assurer la liaison.
- Servir le mendiant accompagné de son beurre d'oranges.

astuce culinaire

Préférez le cacao en poudre « non sucré », dont le goût plus fort convient mieux à la recette.

le saviez-vous ?

Qu'il soit blanc, noir ou au lait, le chocolat apporte autant de calories, soit environ 550 kcal/100 g (ou 40 kcal par petit carré). Tous les trois affichent d'ailleurs une quantité de sucre (55 %) ou de graisses (30 à 35 %) sensiblement comparable. Pour le magnésium, le chocolat noir en contient plus que le chocolat au lait : 120 mg/100 g contre 70 mg/100 g, mais il contient moins de calcium (logique !) que le chocolat au lait : 70 mg/100 g contre 220 mg/100 g.

côté cave

Jurançon moelleux

Table des recettes

Entrées

Plats

Desserts

Création culinaire : Cercle Culinaire de Rennes et réseau des Cercles Culinaires Agréés. www.cercleculinaire.com
Recettes élaborées par : Thierry Bryone et Tugdual Debethune pour le compte du Cercle culinaire de Rennes
Coordination éditoriale - rédaction des textes : Frédérique Simoni-Fromentin pour le compte du Cercle culinaire de Rennes
Photographies - stylisme culinaire : Claude Herlédan et Cercle culinaire de Rennes

Le Cercle culinaire de Rennes remercie **Bazar Avenue**, à Saint-Grégoire, pour le prêt de vaisselle et d'ustensiles culinaires.

cercles culinaires du Cidil

Editeur : Aurélya Guerréro - Assistante éditoriale : Isabelle Rousseau
Conception graphique : Nord Compo, Villeneuve d'Ascq - Mise en page : Studio graphique des Éditions Ouest-France
Impression : Imprimerie Pollina à Luçon (85) - L41925

 - ISBN 978 2 7373 4049.9 - Dépôt légal : mars 2007
N° d'éditeur : 5237.01.06.03.07 - Imprimé en France